AF451926

ÉTUDES ÉCONOMIQUES

SUR

L'INDUSTRIE DE LA SOIE

DANS LE MIDI DE LA FRANCE

TROISIÈME ÉTUDE.

CLASSES LABORIEUSES VOUÉES AU TISSAGE DE LA SOIE.
FABRIQUE DE NIMES.

Lue à l'Académie des Sciences morales et politiques
dans sa séance du 24 décembre 1853.

PAR F. DE LA FARELLE,

MEMBRE CORRESPONDANT DE CETTE ACADÉMIE,
ANCIEN DÉPUTÉ DU GARD.

PARIS

LIBRAIRIE DE GUILLAUMIN ET Cᵉ, ÉDITEURS

De la Collection des Économistes, du Dictionnaire de l'Économie politique, du Journal des Économistes, etc.
RUE RICHELIEU, 14.

1854

Typographie Hennuyer, Batignolles.

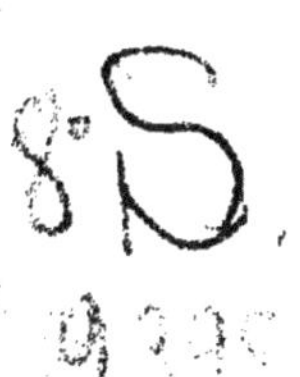

ÉTUDES ÉCONOMIQUES

SUR

L'INDUSTRIE DE LA SOIE

DANS LE MIDI DE LA FRANCE,

PAR M. DE LA FARELLE.

TROISIÈME ÉTUDE.

CLASSES LABORIEUSES VOUÉES AU TISSAGE DE LA SOIE. — FABRIQUE DE NÎMES.

I.

Origine et développements de la fabrication des soieries à Nîmes.

Si la région, appelée en statistique le Midi oriental de la France, reconnaît incontestablement Marseille pour sa métropole commerciale, Nîmes peut, à juste titre, s'en croire la capitale industrielle. En outre, elle est aujourd'hui le siége de la fabrique de soieries la plus importante, après celles de Lyon et de Saint-Etienne. L'introduction du tissage et de la fabrication des plus riches étoffes de soie y remonte à une époque très-reculée; elle y a même précédé l'introduction de l'agriculture séricicole en grand, et par conséquent la production de la matière première.

Nîmes avait eu une ère commerciale fort remarquable et très-brillante vers la fin du moyen âge, c'est-à-dire depuis les dernières années du treizième siècle jusqu'à la moitié du quinzième. Elle avait dû cette ère de prospérité et de vie, qui avait duré cent soixante ans, à une colonie de marchands lombards et toscans, qui s'était établie dans ses murs, et y avait apporté dès lors tous les usages du négoce moderne : la lettre de change, la bourse, la magistrature consulaire, etc., etc. Mais après leur retraite, dont les causes sont demeurées peu connues, et qui se réalisa en 1444, Nîmes cessant de servir d'entrepôt forcé à toutes les marchandises que ces négociants étrangers importaient en France par le port d'Aigues-Mortes, appauvrie d'ailleurs par de fréquentes mortalités et par les charges pécuniaires que lui avaient occasionnées les guerres de Catalogne, Nîmes était devenue presque déserte; un grand nombre de ses maisons demeuraient inhabitées, et ses murs eux-mêmes menaçaient *ruine*. Ce fut pour lui donner les moyens de les réparer, et pour la relever de cet état d'abaissement, que Louis XII lui accorda, par lettres-patentes du mois de juillet 1498, la permission d'établir une manufacture de toute sorte de draps et d'étoffes de soie. Par malheur, l'histoire locale et les documents que j'ai compulsés ne nous apprennent que bien peu de chose sur les suites et le progrès de cet établissement. Il y a même tout lieu de croire que ce germe précieux, dont le développement devait être plus tard si fécond, resta alors comme étouffé sous le poids des malheurs généraux et locaux qui vinrent assaillir notre cité. Nîmes fut, en effet, pendant le seizième siècle tout entier, et pendant la première partie du dix-septième, en proie à deux fléaux également funestes et devenus comme endémiques chez elle; savoir, la guerre civile religieuse et la peste.

Cependant, le projet d'y établir et d'y consolider l'industrie de la fabrication des soieries n'y fut jamais abandonné. Soixante ans après les lettres-patentes de Louis XII, en 1557, la ville s'efforça de s'enrichir d'une fabrique de velours, et à cette fin passa un traité avec un ouvrier de Ferrare, appelé Antoine Bonfas ou Bonfa, qu'elle avait fait venir pour en prendre la direction. Elle lui fournit une maison pour y établir son atelier de fabrication, et lui alloua 25 liv. tournois pour les réparations à y faire.

Le 29 juin de la même année, le Conseil de ville délibère de faire apprendre l'art de dévider la soie à douze ou quinze filles bâtardes de l'hôpital, et pour cela de faire venir une femme d'Avignon, capable de le leur enseigner.

L'année suivante, un ouvrier nîmois, *un enfant de la ville*, comme dit la délibération du Conseil, le nommé Pierre Dupont, obtient un prêt de 300 liv. tournois, et la remise de son *cappage* (c'était le droit de patente de l'époque), plus une maison pendant cinq ans, pour y dresser plusieurs métiers et fabriquer du velours, du satin, du damas et des tapisseries. Telles furent les origines, on pourrait dire *officielles*, de la fabrique en soierie de Nîmes ; mais, en somme, cette fabrique ne se développa et n'acquit une véritable importance que longtemps après ces premiers essais, c'est-à-dire dans la dernière moitié du dix-septième siècle, à l'époque de la grande splendeur du règne de Louis XIV. Les seuls états de situation ou documents statistiques qu'il nous soit donné de pouvoir consulter, avant les mémoires de l'intendant de Baville, qui sont de la fin de ce même règne, consistent dans les récits des fêtes, réceptions et autres solennités en usage sous notre antique monarchie : ils nous montrent les marchands de soie, les fabricants de toute sorte de soieries et leurs ouvriers ou compagnons, formant dès lors une corporation aussi nombreuse que resplendissante.

Mais les règlements ou statuts réels, auxquels la fabrique de Nîmes fut assujettie en 1682, portèrent, à ce qu'il paraît, une grave atteinte à la prospérité dont elle commençait à jouir, et furent un sérieux obstacle au rapide développement qu'elle était en train de prendre. C'est un résultat qui s'explique, sans même avoir besoin d'invoquer les principes généraux d'une saine et libérale économie politique, et voici comment.

L'industrie nîmoise a toujours supporté toute espèce de réglementation réelle avec beaucoup d'impatience, parce que cette réglementation a toujours contrarié son esprit et ses allures, si j'ose m'exprimer ainsi ; sa spécialité constante ayant été, comme elle l'est encore, de produire à meilleur marché que les fabriques rivales de Lyon, de Tours, etc., Nîmes a, de tout temps, travaillé pour la consommation commune ; elle a sans cesse tenté, non de faire mieux que les autres, mais de faire à plus bas prix ; aussi son état normal a-t-il été, à vrai dire, une espèce de révolte sourde, mais continue, contre les règlements réels imposés à toutes les autres fabriques. Vers la même époque, une autre circonstance, de nature fort différente, vint porter un non moins rude coup à la fabrique de Nîmes ; savoir : la révocation de l'édit de Nantes. Cet événement, si funeste à la prospérité de la France en général, le fut plus particulièrement encore à celle de nos contrées où le protestantisme était plus répandu que partout ailleurs. Les archives de l'Hôtel-de-Ville de Nîmes nous montrent, dès l'année 1685, les autorités locales employant les moyens les plus violents pour empêcher la fuite à l'étranger des fabricants et ouvriers nîmois du culte protestant.

Toutefois, les plaies de ce genre se guérissent vite en France, et les paisibles jours de la Régence et surtout du ministère Fleury, qui suivirent le court, mais sanglant épisode de la guerre des Camisards, ne tardèrent pas à replacer la fabrique nîmoise dans la voie de progrès et de développement qu'elle avait commencé de parcourir antérieurement à ce temps d'arrêt. Déjà dès 1721 les tirages ou filatures de cocons se multipliaient de telle sorte et envahissaient si bien la ville, que des précautions et règles de salubrité étaient devenues nécessaires, comme le prouve un règlement détaillé de l'intendant de la province, en date du 28 avril. En 1748, une réception solennelle faite à M. le duc de Richelieu, gouverneur de la province, à son retour du siége de Gênes, nous fournit une preuve assez frappante de l'état prospère du commerce en soieries de Nîmes. Le corps des marchands de soie mit sur pied, à cette occasion, un escadron de cavalerie de 150 maîtres, tous revêtus d'un brillant uniforme rouge, avec parements et veste de satin jaune. Le commerce nîmois tout entier serait-il en mesure d'en faire autant de nos jours? Voici, du reste, un état de situation du négoce et de la fabrique de soie à Nîmes, pendant la dernière moitié du dix-huitième siècle, que j'emprunte à la *Topographie de Nîmes*, par MM. Vincens et Baume, et à l'*Art du fabricant de soie*, composé par Paulet en 1775 :

Le commerce de soieries de Nîmes comprenait, à cette époque, trois branches principales, savoir :

1° Le commerce de la soie grége, proprement dit;

2° La bonneterie, ou plutôt la fabrication des bas de soie;

3° Celle des étoffes de différents genres.

Les soies filées à cette époque dans la ville s'élevaient à 50 milliers environ (2,447 myriagrammes), valant de 18 à 19 fr. la livre.

Le moulinage, soit à l'intérieur, soit aux environs, occupait, selon M. Paulet, un grand nombre d'ouvriers. Cet auteur porte à 120 le nombre des moulins alors existants. Nous avons déjà eu l'occasion de constater que la première de ces industries, la filature de la soie, avait considérablement diminué, et que la seconde, le moulinage, en était à peu près disparu.

Tel a été pareillement le sort de la seconde branche du commerce de la soie de Nîmes, la fabrication des bas, qui y avait été si long-temps on ne peut plus florissante.

Le métier à bas fut importé de Paris à Nîmes au milieu du dix-septième siècle, en 1656, par un nommé Cuvillier. Les progrès de cette espèce de production durent être d'abord très-lents et très-peu considérables, puisque l'intendant Baville n'en fait aucune mention dans ses Mémoires écrits en 1698.

Mais bientôt après, les bas de soie de Nîmes conquirent une réputation universelle et furent exportés en Allemagne, en Russie, en Italie, mais surtout en Espagne et dans les Indes, tant Orientales qu'Occidentales. Dans le moment de sa plus grande prospérité, cette fabrique occupa de 4 à 5,000 métiers (Paulet en porte même le nombre à 8,000). L'Espagne seule en recevait 16, 18 et jusqu'à 20 mille douzaines. En s'arrêtant au chiffre de 16 mille, le produit total en était pour Nîmes de 1,728,000 fr. Par malheur, l'Espagne prohiba tout à coup cette importation, ce qui fut un coup terrible porté à la bonneterie nîmoise.

La troisième et dernière branche de l'industrie nîmoise, en fait de soieries, c'est-à-dire la fabrication des étoffes, bien qu'elle remontât, ainsi qu'on l'a vu plus haut, à une époque fort reculée, ne commença de prendre une véritable consistance, d'après MM. Vincens et Baume, que vers la fin du dix-septième siècle.

On n'y comptait encore, en 1664, que 50 métiers de tissage. En 1750, ce nombre s'élevait à 508. Puis, quand le gouvernement consentit à délivrer la fabrique de Nîmes de toute entrave réglementaire, le nombre des métiers doubla rapidement. Les espèces d'étoffes fabriquées, qui n'étaient que de 5 ou 6, se multiplièrent jusqu'à 120, et M. Paulet porte à 5,000 le nombre des métiers employés à leur fabrication en 1775. Voici, du reste, le tableau sommaire des produits de la fabrique de soieries de Nîmes sous l'ancien régime, tel que le donnent MM. Vincens et Baume :

La fabrique d'étoffes occupait 2,600 métiers, dont la fabrication moyenne s'élevait annuellement à 1,875 fr. chacun, ensemble 4,875,000 fr.

La fabrique de bas occupait 5,000 métiers, dont la fabrication moyenne revenait par an à 1,404 fr., soit 5,616,000 fr.

La rubanerie produisait 157,000 pièces, à 50 sous, soit 592,000 fr.

Le commerce de la soie, proprement dit, donnait un produit de 2,000,000 fr., et celui des bourres et filoselles, 550,000 fr. — En tout, 13,255,000 fr.

Comparons à ce résumé la récapitulation générale de l'industrie de la soie dans le département du Gard, telle que la donne la statistique *officielle* publiée il y a quelques années, page 84 du second volume. D'après ce document, le nombre d'établissements proprement dits se serait alors élevé à 179; la valeur des matières premières, à 14,814,510 fr.; celle des produits fabriqués, à 22,638,069 fr.; le nombre des ouvriers de tout sexe et de tout âge, à 14,455, et celui des machines et métiers à 6,230.

Mais il ne faut pas oublier que ce tableau s'applique à tout le département du Gard, et non point à la seule fabrique en soieries de la ville de Nîmes ; comme aussi qu'il embrasse la production de la soie grége elle-même.

Nous aurons à revenir plus tard sur quelques-unes des phases intermédiaires de la fabrique de Nîmes ; occupons-nous d'abord de son état actuel.

II.

Etat actuel de la fabrique de Nîmes.

Dans l'état actuel de la fabrique de Nîmes, le tissage de la soie et les opérations préparatoires qui le précèdent sont loin, bien loin de jouer un rôle aussi considérable que par le passé. Cependant c'est encore là l'industrie qui y occupe, avec celle des châles, le plus de métiers et de bras. En voici le détail, tel qu'il résulte des investigations faites dans le cours du printemps de 1855, par la section industrielle de la Commission de statistique, section dont faisaient partie plusieurs notabilités industrielles et commerciales du premier rang et plusieurs fonctionnaires ou jeunes gens remplis de zèle et d'intelligence [1]. Cette Commission, subdivisée en autant de groupes qu'il y a de cantons dans la ville de Nîmes, a procédé avec une attention et une exactitude vraiment remarquables. Elle a visité *en détail* tous les grands ou petits ateliers qui concourent à la production nîmoise, depuis celui qui renferme plusieurs centaines de métiers jusqu'à l'humble réduit où bat un pauvre petit métier *mené*, comme l'on dit dans le pays, par un seul individu de l'un ou de l'autre sexe. Un bulletin individuel a été dressé pour chacun d'eux, contenant une réponse à tous les articles du questionnaire officiel : et c'est du dépouillement de tous ces bulletins, classés par quartier et par branche d'industrie, que sont résultés les chiffres que je vais donner, chiffres auxquels il faudrait cependant ajouter quelques unités, pour approcher encore plus de la réalité : car, en dépit de tous les soins possibles, on ne saurait, en fait de recensement, échapper à quelques oublis ou omissions [2].

N° 1. *Dévidage des cocons et moulinage de la soie.* — Ces deux industries, dont je me suis déjà occupé dans une précédente étude,

[1] Elle m'avait fait l'honneur de me choisir pour son président.

[2] Je reviendrai, dans le paragraphe suivant, sur la constitution organique de la fabrique de Nîmes ; mais je dois dire, dès à présent, que l'on y entend par patron fabricant, l'entrepreneur d'industrie qui possède un atelier où il fait travailler à façon ou à la journée, sans mettre lui-même la main à l'œuvre ; par ouvrier patron, celui qui produit chez lui, à façon, sur un métier lui appartenant ; par ouvrier compagnon, celui qui produit à façon sur un métier appartenant à autrui ; par lanceur ou lanceuse, le petit garçon ou la petite fille qui renvoie la navette sur le grand métier, quand elle est parvenue au terme de sa course, et par cannetleuse, la personne qui dévide le fil de coton, de laine ou de soie, et le met sur la bobine ou cannette.

sont aujourd'hui on ne peut plus restreintes dans la ville de Nîmes. Voici les chiffres qui en résument la situation :

Dévidage des cocons. — Nombre des établissements, 6 ; des métiers ou bassines [1], 190 ; des moteurs à la vapeur, 3 ; force en chevaux, 12 ch. et demi.

Nombre des patrons fabricants, 6 ; des ouvriers mâles, chauffeurs, tourneurs de manivelle, etc., 13 ; des ouvrières adultes, fileuses, 200 ; des apprenties au-dessous de quinze ans, 6. — Total des ouvriers, 219.

Salaire moyen. — Des chauffeurs, tourneurs de manivelle, etc., 2 fr. 50 c.; des fileuses, 1 fr. 25 c.: des apprenties, 0 fr. 75 c.

Dans les grands jours et pour treize heures de travail, les fileuses gagnent 1 fr. 50 ; mais comme les ateliers ne sont ouverts en général que du lever au coucher du soleil, ce salaire va diminuant à mesure que les jours décroissent, et 1 fr. 25 c. est bien *le salaire moyen.*

Moulinage. — Nombre d'ateliers, 7 ; ouvriers mâles, 25 ; ouvrières adultes, 101. — Total, 126.

Salaire moyen des hommes, 2 fr. 50 c. ; des ouvrières adultes, 1 fr. 25 c.

N° 2. *Cardage des frisons,* c'est-à-dire des débris du cocon après qu'il a été dévidé. — Grands établissements, 6 ; métiers épars, 72 ; machines à vapeur, 2 ; force motrice, 16 chevaux.

Patrons fabricants, 8 ; patrons ouvriers, 10 ; ouvriers, 172 ; enfants au-dessous de quinze ans, 10 garçons, 5 jeunes filles. — Total, 195.

Salaire moyen des hommes, 1 fr. 50 c. ; des enfants des deux sexes, 0 fr. 50 c.

N° 3. *Ovallage et dévidage mécaniques.* — Nombre des métiers, 61.

Ouvriers patrons et compagnons, 26 ; ouvrières adultes, 126 ; enfants des deux sexes, 37. — Total, 189.

Salaire moyen des hommes, 1 fr. 50 c. ; des femmes, 1 fr. ; des enfants, 0 fr. 30 c.

Les dévideuses *à la main* ne gagnent que 25 à 50 cent. par jour.

Ce sont de pauvres vieilles femmes soutenues par leur famille ou par l'assistance publique.

N° 4. *Chevillage.* — Opération préparatoire donnée à la matière première.

---

[1] 40 en sus de celles indiquées dans ma précédente étude ; la banlieue y avait été omise.

Patrons et ouvriers, 5; salaire des ouvriers patrons, 2 fr. 50 c.; des simples ouvriers, 2 fr.

N° 5. *Ourdissage.*—Dernière opération préparatoire avant le tissage.

Nombre des établissements, 15; des métiers, 28; ouvriers mâles 28; ouvrières adultes, 5. — Total, 33.

Salaire moyen des ouvriers-patrons, 2 fr.; des simples ouvriers, 1 fr. 50 c.; des femmes, 1 fr. 10 ; des enfants des deux sexes, 30 c.

N° 6. *Tissage proprement dit.* — Le tissage de la soie renferme l'un des plus gros bataillons, mais non certes pas des plus brillants de l'armée industrielle nîmoise. Il embrasse plusieurs genres ou sous-espèces, savoir : le tissage pour robes ou meubles, autrefois très-brillant, aujourd'hui réduit à très-peu de chose, sous le double rapport de la quantité et de la qualité des produits.

Le tissage des foulards, beaucoup plus considérable que le précédent, mais toutefois en décadence depuis quelques années.

Celui des pièces pour fichus et cravates;

Celui des étoffes légères et brillantes, dites articles d'Algérie, parce qu'elles sont destinées à l'exportation dans notre colonie africaine, tissus éblouissants, où se mêlent à la soie les fils d'or, d'argent, et bien souvent de cuivre.

Enfin, le tissage des bourettes, qui emploie non la soie, mais la filoselle.

Nombre des grands établissements, 8; des métiers à domicile, 660.

Nombre des patrons fabricants, 8; des patrons ouvriers, 280; des ouvriers compagnons, 134; des ouvrières adultes, 398; des enfants des deux sexes, 59. — Total, 871.

Salaire moyen. — Des patrons ouvriers, 1 fr. 25; des ouvriers compagnons, 1 fr; des ouvrières tisseuses, 0,80 c.; des ouvrières cannetcuses, 0,60; des lanceurs des deux sexes, 0,50 c.

Ce salaire des ouvriers tisseurs de soie, qui sont, à proprement parler, les *taffetassiers*, bien qu'ils ne fassent plus de taffetas, et qui non-seulement conservent ce nom, mais qui l'ont en outre imposé à *tous* les autres ouvriers de la fabrique de Nîmes; leur salaire, dis-je, est, comme l'on voit, descendu à un taux bien peu satisfaisant. Il ne pourrait y demeurer fixé, sans compromettre les moyens d'existence de ce type vivant de l'élément manufacturier nîmois. Nous y reviendrons.

N° 7. *Bonneterie de soie et de coton.* — La bonneterie de soie, jadis si florissante à Nîmes, mais qui avait subi une éclipse à peu près totale depuis la disparition des bas de soie, reprend depuis peu une nouvelle vie et fait naître de belles espérances, grâce à la ganterie de soie, dite à maille fixe.

Nombre de ses établissements, 11 ; anciens métiers à domicile, 129 ; des ouvriers patrons, 66 ; des ouvriers compagnons, 84 ; des ouvrières adultes, 122. — Total, 272.

Salaire moyen (anciens métiers).—Des ouvriers patrons, 1 fr. 25 c.; des ouvriers compagnons, 1 fr.; des ouvrières adultes, 0,75.

Mais cette triste condition ne ressemble guère à celle de l'ouvrier tisseur employé à produire la ganterie de soie à maille fixe dans les 11 établissements ci-dessus énoncés, au moyen de métiers mécaniques circulaires. Celui-ci gagne, en effet, par jour de 2 fr. 50 c. jusqu'à 3 et même 4 fr.

N° 8. *Lacets, cordonnets et soie à coudre.* — C'est encore l'un des beaux fleurons de la couronne industrielle de Nîmes que la production de ces différents articles, qui s'y opère dans de beaux et vastes ateliers, très-bien tenus et fort intéressants à visiter.

Nombre des grands ateliers, 6 ; métiers à domicile, 70 ; machines à vapeur, 4; force en chevaux, 26 1/2.

Nombre des ouvriers chauffeurs et autres, 16 ; nombre des ouvrières adultes, 205. — Total, 221.

Salaire moyen. — Des hommes, 2 fr. 75 ; des femmes, 1 fr.

N° 9. *Passementerie.* — Cette industrie, autrefois très-considérable, aujourd'hui un peu déchue, produit des galons, des padoues, des bretelles, etc.

Grands établissements, 2; petits ateliers, 98; métiers, 138; machine à vapeur, 1 ; force, 6 chevaux.

Nombre des ouvriers patrons, 103 ; des ouvriers compagnons, 73 ; des ouvrières adultes, 83 ; des enfants des deux sexes, 26.— Total, 285.

Salaire moyen. — Des ouvriers patrons, 1,50 ; des ouvriers compagnons, 1 fr. 25 ; des ouvrières adultes, 1 fr. ; des enfants des deux sexes, 0,50 c.

Telles sont les différentes espèces de fabrication qui constituent aujourd'hui l'industrie ou fabrique de soie à Nîmes. Mais comme elles ont, la plupart du moins, beaucoup perdu de leur ancienne importance, je crois indispensable, soit pour donner une véritable idée de ce qui porte le nom de fabrique de Nîmes, soit pour justifier le titre de métropole industrielle du Midi, auquel prétend notre cité, de compléter cet état de situation par les tableaux analogues de toutes ses autres productions.

Il faut d'abord citer la fabrication des châles, qui se subdivise en deux branches, savoir : celle des châles riches, tissus en laine pure ou en laine thibet et soie, et celle des châles ordinaires ou indous, kabyles et tartans, qui emploie et entremêle tantôt la laine, le thibet et le coton, tantôt le coton et la bourre de soie seulement ; mais avant il faut signaler ici une industrie préparatoire qui s'y rattache, savoir :

N° 10. *Cardage, peignage et lavage de la laine.* — Nombre des ouvriers patrons, 5 ; des compagnons, 3 ; des ouvrières adultes, 18. — Total, 26.

Salaire moyen des compagnons, 1 fr. 25 c. ; des femmes, 1 fr.

Il y avait autrefois des ateliers de cardage considérables à la maison centrale : ils y ont été supprimés, comme toute autre espèce de travail : je crois qu'on s'occupe à les rétablir.

N° 11. *Tissage des châles riches et mi-riches.* — C'est une des branches les plus florissantes de la fabrique nîmoise actuelle. Elle compte :

Grands ateliers, 5 ; nombre des métiers à domicile, 205. — Nombre des ouvriers patrons, 103 ; des compagnons, 75 ; des ouvrières adultes, 144 ; des enfants des deux sexes, 203. — Total, 525.

Ce tissage n'emploie que des métiers à la Jacquard qui exigent, pour battre, un tisseur et un lanceur renvoyant la navette.

Salaire moyen. — Des ouvriers patrons, 2 fr. 50 c. ; des compagnons, 2 fr. ; des ouvrières adultes, 1 fr. 50 c. ; des enfants des deux sexes, 0,50 c.

(L'ouvrière qui dévide et met la laine sur la bobine ne gagne que 0,60 c.)

Ces ouvriers sont du nombre des plus *favorisés* dans le personnel de la fabrique et n'ont d'autres rivaux, sous le rapport du salaire, que les tisseurs de tapis, ceux de gants sur métier circulaire et les chauffeurs ou autres ouvriers employés dans les grands ateliers ou à la teinture.

N° 12. *Tissage des châles communs et tartans.* — Les ouvriers de cette industrie sont loin d'avoir une situation aussi favorable que les tisseurs du châle riche. La leur se rapproche beaucoup, sans être pourtant aussi mauvaise, de celle des tisseurs en soierie et des faiseurs de bas sur ancien métier. Cette branche d'industrie est, du reste, fort considérable par le nombre, comme on va le voir :

Nombre des grands établissements, 6 ; métiers à domicile, 467.

Nombre des ouvriers patrons, 204 ; des compagnons, 213 ; des ouvrières adultes, 258 : des enfants des deux sexes. 263. — Total, 938.

Salaire moyen. — Des ouvriers patrons, 1 fr. 50 c. ; des compagnons, 1 fr. 25 c. ; des ouvrières tisseuses, 1 fr. ; des enfants des deux sexes, 0,50 c.

N° 13. *Apprêtage des châles.* — Nombre des ateliers grands ou petits, 8 ; machines à vapeur, 2 ; force en chevaux, 6.

Patrons fabricants, 6 ; patrons ouvriers, 2 ; compagnons, 25 ; ouvrières, 20 ; enfants, 4. — Total, 51.

Salaire moyen de l'ouvrier patron, 2 fr. 25 c. ; de l'ouvrier, 2 fr. 25 ; de l'ouvrière, 1 fr.; des enfants, 0.50 c.

N° 14. *Fabrique de tapis.* — La fabrication de tapis de toutes qualités, mais surtout des tapis riches, en haute laine ou moquette, ainsi que des étoffes pour tentures, meubles et portières, est l'une des plus heureuses et des plus brillantes conquêtes de notre fabrique dans ces derniers temps. Quoique d'une origine récente, elle a pris un vigoureux essor et un grand développement, grâce à l'habileté et à l'énergique initiative de quelques industriels d'élite[1]. C'est, sans contredit, l'une des gloires et des hautes espérances de la manufacture nîmoise.

Nombre des grands établissements, 5 ; des métiers, 310.

Nombre des patrons fabricants, 7. — Des patrons ouvriers, 96 ; des ouvriers compagnons, 270 ; des ouvrières adultes, 196 ; des enfants des deux sexes, 211. — Total, 773.

Salaire moyen. — Des ouvriers patrons, 2 fr. 50 ; des compagnons, 2 fr.; des ouvrières adultes, 1 fr. 50 c. des lanceurs et lanceuses, 0,50.

N° 15. *Teinture et ses accessoires,* c'est-à-dire blanchissage, chinage et pliage.

Grands établissements, 2 ; moindres ateliers, 56.

Nombre des ouvriers patrons, 40 ; des compagnons, 98 ; des ouvrières adultes 9 ; des enfants, 9. — Total, 156.

Salaire moyen des compagnons, 2 fr. ; des ouvrières adultes, 1 fr.; des enfants, 0,50 c.

N° 16. *Impression sur étoffes.* — Grands établissements, 5 ; moindres, 2 ; machines à vapeur, 5 ; force, 14 chevaux.

Nombre des patrons fabricants, 5 ; des patrons ouvriers, 2 ; des compagnons, 107 ; des ouvrières adultes, 30 ; des enfants des deux sexes, 67. — Total, 206.

---

[1] MM. Soulas et Flaissier sont les premiers en date et en importance.

Salaire moyen. — Des ouvriers patrons, 2 fr. 50 c.; des ouvriers compagnons, 2 fr. 50; des ouvrières adultes, 1 fr. ; des enfants des deux sexes, 0,50 c.

Enfin, pour terminer cette revue bien longue, sans doute, mais qui peut du moins prétendre au mérite d'une exactitude peu ordinaire, en fait de documents statistiques, je dois mentionner ici quelques ouvriers isolés, que l'on pourrait presque appeler des artistes, et qui sont comme le corps du génie de la grande armée industrielle, à Nîmes ; ce sont :

1° Les graveurs sur bois et sur cuivre, au nombre de 3.

2° Les dessinateurs de fabrique, au nombre de 5. Ils emploient 13 ouvriers, dont 8 adultes et 5 enfants.

3° Les liseurs de dessins, au nombre de 9. Ils occupent 27 ouvriers et 5 enfants du sexe féminin.

Le salaire, ou plutôt le bénéfice de ces ouvriers d'élite ne peut être indiqué, il est trop variable et trop casuel pour cela : leurs ouvriers adultes gagnent 5 fr. ou 2 fr. 50 c.; leurs ouvrières 1 fr. ; les enfants, 75 c. En joignant à ces 19 branches de production une fabrique de housses, ravats et franges pour chevaux, qui occupe 16 hommes et 5 femmes, on trouve les résultats généraux suivants :

Résumé analytique de la fabrique de Nîmes au printemps de 1853.

Nombre des industries principales ou accessoires constituant la fabrique de Nîmes.	20
Nombre des ateliers grands ou petits.	1,204
Nombre des grands ateliers.	64
Nombre des métiers battants (non compris ceux de quelques grands ateliers).	2,330 [1]
Nombre des patrons fabricants ayant un atelier chez eux (ceux donnant seulement de l'ouvrage en ville non compris).	79
Nombre des patrons ouvriers, c'est-à-dire travaillant eux-mêmes au métier.	978
Simples ouvriers au-dessus de quinze ans.	1,368
Ouvriers au-dessous de quinze ans.	518
Ouvrières au-dessus de quinze ans.	1,921
Ouvrières de moins de quinze ans.	393
Total des ouvriers de tout sexe et de tout âge.	5,178

Dans ce chiffre ne sont pas comprises la plupart des dévideuses à

---

[1] Depuis notre recensement, le nombre de métiers battants paraît avoir encore sensiblement diminué, et il est probablement descendu au-dessous de deux mille.

la main ; quelques-uns de **MM**. les commissaires ayant seuls compris
ces pauvres ouvrières dans leur recensement.

Tel est donc, en deux chiffres, le dernier mot, si je puis m'exprimer ainsi, de la situation actuelle de la fabrique nîmoise, au double point de vue personnel et réel.

Nombre des personnes employées à la production nîmoise, 5.178 ; nombre des métiers battants, 2,550, non compris un certain nombre de métiers de quelques grands ateliers.

Admettons, si l'on veut, en nombres ronds, et pour tenir compte des oublis, 5,500 ouvriers de tout sexe et de tout âge, et 2,500 métiers ; chiffres bien différents, nous devons le faire observer avant de passer outre, non-seulement de ceux que nous fournissent les relevés antérieurs à 1789, mais encore de ceux que l'on trouve dans les tableaux annuels fournis par le Conseil des prud'hommes, de 1825 à 1836. En voici quelques-uns :

Années.	Nombre total des métiers battants.	Ouvriers de tout âge et de tout sexe.
1825.	9,000	14,180
1826.	6,000	19,790
1830.	7,200	15,300
1831.	5,500	13,150
1836.	8,400	14,800

A partir de cette époque, une décroissance considérable, et à peu près continue se manifeste.

1837.	3,000	9,600
1840.	3,600	10,350
1841. 1ᵉʳ sem.	4,000	9,850
— 2ᵉ sem.	4,300	»
1842. 2ᵉ sem.	3,500	8,850
1843. 1ᵉʳ sem.	3,000	7,850
1844.	manque.	
1845. 1ᵉʳ sem.	4,500	8,900
— 2ᵉ sem.	4,000	8,300
1846. 1ᵉʳ sem.	2,000	4,250
— 2ᵉ sem.	1,200	2,700

A partir de 1847, il n'a plus été fourni d'état semestriel, le Conseil des prud'hommes ayant reconnu lui-même que les renseignements qu'il lui était possible de fournir étaient peu dignes de lui, par leur inexactitude et l'absence de contrôle sérieux ; mais dans une lettre très-développée, en date du 20 novembre 1847, M. le président de ce Conseil signale une détresse profonde dans la classe ouvrière, atteinte tout à la fois par le manque de travail et l'abaissement progressif des salaires. C'est une crise sérieuse qui se produit, et le chiffre des métiers occupés descend, s'il faut l'en croire, au 1er juillet 1847, au chiffre misérable de 812. 1848, bien loin de relever notre fabrique de cet état si étrange de prostration, ne fit que le compléter. Quelques centaines de métiers survécurent seuls (si même il en survécut) à l'influence des événements de Février; et il n'y eut bientôt plus d'autres ateliers ouverts, dans Nîmes, que les ateliers nationaux, d'effrayante et sinistre mémoire.

Les années 1849, 1850, 1851 et 1852 ont peu à peu ramené la fabrique de Nîmes à l'état que nous avons constaté si consciencieusement au printemps de 1853 : état moyen de semi-mouvement et de semi-prospérité qui, par malheur, a déjà fait d'assez grands progrès vers le mal. Je suis certes tout disposé à reconnaître que notre relevé, ou recensement de 1853, en dépit de tous nos efforts et de notre parfaite bonne volonté, doit contenir un certain nombre d'oublis et d'omissions; j'en porterai, si l'on veut, le chiffre à un dixième, et je crois en cela dépasser la réalité; mais je suis convaincu que les nombres donnés par les tableaux du Conseil des prud'hommes s'éloignent bien autrement du véritable état des choses. Ils ne peuvent évidemment être considérés que comme des appréciations très-générales des mouvements de la fabrique nîmoise, faites par des juges fort compétents sans doute, *mais sans avoir eu recours à aucun contrôle réel.* A ce titre, j'y reviendrai plus tard, pour y chercher la preuve ou l'indice de la mobilité singulière et de la décroissance progressive de notre fabrique. Pour le moment, je me borne à signaler ce qu'il y a d'étrange et d'inadmissible dans quelques-uns de ces chiffres eux-mêmes; ainsi, par exemple, on nous indique, pour 1825, 9,000 métiers battants et 14,180 ouvriers. Mais dès l'année suivante, en 1826, on ne signale plus que 6,000 métiers battants et on élève le nombre des ouvriers à 19,780, c'est-à-dire que les métiers battants auraient diminué d'un tiers, et le nombre d'ouvriers se serait accru de ce même tiers!

De 1836 à 1837, le nombre des métiers descend subitement de 8,400 à 5,000 seulement, et le nombre d'ouvriers ne tombe que de 14,800 à 9,600, etc.

Evidemment, tout cela n'est pas très-sérieux, et l'on ne fait que d'entrer dans la véritable voie, en matière de statistique. Puisse

donc la mesure vraiment louable prise par le gouvernement, trouver, pour la réaliser, des hommes qui y apportent le zèle et la bonne
foi dont j'ai été témoin et que je ne saurais assez constater, parce
que c'est justice.

III.

Constitution organique de la fabrique de Nîmes.

Nous l'avons vu : il y a dans Nîmes 64 établissements ou grands
ateliers correspondant à ce que l'on appelle ailleurs fabriques, manufactures ou usines; mais ce n'est là que la forme exceptionnelle
de la production nîmoise ; sa forme usuelle, normale, tout comme
celle de Lyon et de Saint-Etienne, est celle-ci :

Un certain nombre assez restreint d'entrepreneurs d'industrie,
appelés *fabricants*, qui fournissent à l'ouvrier proprement dit la
matière première, et même quelquefois, mais rarement, le métier
lui-même; et une multitude de petits ateliers répandus en ville,
contenant depuis 1 jusqu'à 6 métiers, que font battre des ouvriers
patrons, leurs femmes, leurs enfants et, à défaut, des étrangers à
la famille, appelés compagnons et compagnonnes. C'est donc ce
petit atelier, où l'on produit à façon, qui constitue la molécule in-
tégrante, l'unité première de la fabrique de Nîmes, et c'est lui que
nous devons surtout étudier.

Prenons l'atelier moyen, et qui est bien réellement le plus commun, celui composé de deux métiers.

Si ce sont de petits métiers (c'est ainsi que l'on nomme ceux qui
ne sont point à la Jacquard, et tels sont ceux généralement employés à la fabrication des foulards, cravates, articles d'Algérie,
bourrettes, bas de soie et de coton et châles communs) ; si ce sont,
dis-je, de petits métiers, chacun d'eux est mis en œuvre, ou, comme
l'on dit dans le pays, est *mené* par un seul individu de l'un ou de
l'autre sexe. Seulement il faut une femme, dite canneteuse ou dévideuse, pour deux métiers.

Lorsqu'il s'agit, au contraire, de grands métiers, ou métiers à la
Jacquard, universellement employés à la fabrication des tapis et
des châles riches ou mi-riches, chacun d'eux exige pour son service,
outre le tisseur, un enfant de l'un ou l'autre sexe, qui *renvoie*, qui
lance la navette parvenue au bout de sa course et reçoit le nom de
lanceur ou de lanceuse. Ces petits ateliers à domicile sont bien
souvent de véritables ateliers de famille. Le père, ouvrier patron,
c'est-à-dire propriétaire des métiers, mène l'un ; le fils ou la fille

aînée fait battre l'autre; les plus jeunes enfants renvoient la navette, et la mère, qui sert de canneteuse, trouve encore le temps de vaquer aux soins du ménage. A défaut de membres de la famille, les métiers sont mis en œuvre par des compagnons ou compagnonnes qui travaillent à la pièce; des enfants étrangers servent de lanceurs, et quelques vieilles femmes se chargent, moyennant un salaire de 50 à 60 c., de préparer le fil de soie, de laine ou de coton qui va être employé.

La circonstance assez habituelle de la composition de l'atelier au moyen des divers membres de la famille, explique seule comment des salaires aussi modiques peuvent suffire à l'existence de la classe des taffetassiers, les tisseurs de tapis, de châles riches et de gants à maille fixe exceptés[1].

Les bas prix des façons ne sont pas du reste la seule, ni peut-être même la principale plaie de la fabrique de Nîmes, dans son état actuel. Le chômage y fait des ravages plus constants et plus cruels encore; et, que l'on y prenne garde, ce chômage n'a rien ici de périodique ou d'accidentel, comme dans les autres centres manufacturiers. Il ne s'agit point, comme partout ailleurs, ni d'une morte saison, se reproduisant pendant certains mois de l'année, ni de ces suspensions imprévues de travail, correspondant à des crises industrielles ou commerciales. Cette dernière source de chômage ne fait malheureusement pas défaut non plus à la fabrique de Nîmes, dont elle constitue l'une des *maladies aiguës*, mais il y a, en outre, ce que j'appellerai le chômage chronique, et qui se reproduit chaque fois que l'ouvrier rend une pièce au fabricant; celui-ci le laissant d'ordinaire plusieurs jours, trois ou quatre au moins, et parfois jusqu'à douze et quinze, sans lui donner une nouvelle commande et de la matière première. Pendant cet intervalle, le métier reste silencieux; l'ouvrier flâne ou dépense au cabaret partie du prix de façon qu'il vient de toucher. La famille souffre et attend avec une douloureuse impatience. Ce genre de chômage est, sans contredit, le sujet de plainte le plus commun et le plus amer de tout le personnel inférieur de la classe ouvrière. A l'en croire, MM. les fabricants, à quelques exceptions près, entreprennent leur état sans être pourvus de capitaux suffisants et ne peuvent dès lors produire pour l'*armoire*,

---

[1] Taffetassier, ne l'oublions pas, est le nom générique de l'ouvrier de la fabrique de Nîmes, bien que la production du taffetas en ait à peu près totalement disparu; et ce nom s'applique non-seulement aux tisseurs de soieries de tout genre, mais encore aux ouvriers en tapis, en châles, tartans, passementeries, etc., etc.

c'est-à-dire par provision et par avance. Ils ne donnent donc de l'ouvrage à l'ouvrier tisseur que lorsqu'ils ont eux-mêmes reçu des commandes du dehors. Mais aussitôt qu'un ordre de fourniture et d'expédition leur est arrivé, dans leur empressement de l'exécuter au plus vite, ils mettent en train le plus grand nombre de métiers possible ; puis, une fois la commande exécutée, ils recourent à toute sorte de petits subterfuges et de retards calculés pour faire prendre patience aux ouvriers, en leur ménageant et distribuant le travail de la manière la plus parcimonieuse.

Il peut y avoir quelque chose de fondé dans ces appréciations fort générales et assez acrimonieuses de la classe ouvrière ; mais elle ne tient pas assez compte, selon toute apparence, des vicissitudes et des nécessités de l'industrie.

IV.

Situation réelle ou économique de la classe ouvrière à Nîmes.

Logement. — Les choses se passent à Nîmes, sous le rapport du logement, d'une manière tout à fait opposée à ce qui se voit dans la plupart des villes manufacturières de la France et de l'étranger. C'est la classe bourgeoise, marchande, et celle des artisans, qui habitent des quartiers obscurs, des rues étroites, des maisons privées d'air et de lumière, couvrant l'ancienne et étroite enceinte de la vieille cité féodale ; c'est la classe ouvrière qui, dispersée dans de vastes faubourgs, y occupe des demeures, peu confortables sans doute, mais bien aérées, bien éclairées, ou plutôt baignées par un soleil radieux ; demeures souvent précédées d'une petite cour ou d'un petit jardin. Une seule chose y manque essentiellement, à vrai dire ; et c'est à ses habitants eux-mêmes qu'il faut s'en prendre, la *propreté.* Ces nombreuses maisonnettes blanches, qui s'alignent en rues passablement larges autour de la cité, et qui, sous le nom de *bourgades,* lui forment une véritable ceinture, n'ont, en général, qu'un étage au-dessus du rez-de-chaussée, ou le rez-de-chaussée seulement. Elles sont divisées en un petit nombre de grandes pièces, à plafond très-élevé, où les métiers se trouvent montés, et dont ils occupent la majeure partie. Les lits sont dressés tantôt dans des cabinets attenants, tantôt dans des appentis, tantôt dans les coins de l'atelier lui-même. Cet atelier sert toujours de cuisine, et les aliments de la famille y sont préparés dans une cheminée, ou plus souvent encore sur un petit fourneau de fonte, ce qui permet, dans tous les cas, à la mère, d'en surveiller la préparation, tout

en faisant ses cannettes. En somme, le logement du taffetassier n'a
rien, par lui-même, que de salubre et de satisfaisant. Il le serait
tout à fait, si les ouvriers y étaient un peu moins entassés, et si
leurs goûts, comme leurs habitudes, les portaient à y faire régner
un peu plus d'ordre et de propreté. Le mobilier en est fort simple,
fort restreint ; mais il y a, après tout, le nécessaire. Des lits avec
matelas, une table à manger, un buffet pour tenir les provisions
alimentaires, une armoire pour renfermer le linge et les vêtements,
voilà ce que l'on y trouve assez habituellement : à la vérité, j'ai
cru m'apercevoir que c'étaient là les restes et les fruits d'une situation précédente et meilleure sous le rapport des prix de façon. Le
taffetassier aurait sûrement de la peine à s'acheter aujourd'hui ce
petit mobilier, et il se borne évidemment à l'entretenir de son
mieux.

Vêtements. — Sous un aussi beau ciel, dans un climat aussi
chaud, et, grâce à la vilité du prix auquel sont tombés de nos jours
les articles communs de vêtement, l'ouvrier de Nîmes peut aisé-
ment s'habiller de manière à supporter les intempéries des sai-
sons. Son amour-propre seul peut être parfois mis à l'épreuve. Et
toutefois cette question d'amour-propre a peut-être ici une plus
grande portée qu'on ne le supposait d'abord, parce qu'elle tou-
che de très-près à la question de santé et à celle de moralité ; que
l'on en juge par un genre de plaintes que nous avons souvent recueillies dans le cours de nos nombreuses visites domiciliaires :
« Nous gagnons maintenant si peu », nous disaient quelques ouvriers, et surtout quelques ouvrières, « que nous ne pouvons plus
« renouveler, ni même entretenir nos habits. Aussi les avons-nous
« en si mauvais état, que nous n'osons plus sortir le soir et les jours
« fériés pour nous rendre, comme de coutume, sur les boulevards
« et les autres promenades publiques. A plus forte raison devons-
« nous nous abstenir d'assister aux exercices religieux du dimanche
« et des fêtes. »

Aux jours de prospérité de la fabrique, les jeunes taffetassières,
surtout celles qui ne sont pas encore mariées, ont un certain luxe de
toilette. Le principal et le plus cher à leur cœur, c'est la possession
de quelques anneaux, claviers ou colliers en or et en argent : c'est
ce qu'elles appellent *des dorures.* Quand les jours de détresse arri-
vent, ces parures ne manquent jamais de prendre le chemin du
Mont-de-Piété, où elles restent enfouies jusqu'à ce que des temps un
peu meilleurs permettent de les retirer, ou, ce qui est bien plus

commun, jusqu'à ce que le délai fatal venant à échoir, elles soient vendues, par l'administration, au poids et à la criée.

Nourriture.—Les divers éléments de la nourriture du taffetassier en temps ordinaire, et lorsque des circonstances rigoureuses ne le condamnent pas à des privations exceptionnelles, sont les suivants : 1° le pain fait avec des grains de qualité supérieure, tels que la tozelle et le froment, les pommes de terre, les légumes secs ou verts, selon la saison, les choux, la salade, les fruits de toute espèce que produit la contrée. 2° Il mange aussi de la viande de boucherie et de la soupe grasse, à deux ou trois repas par semaine; il la remplace par de la merluche ou morue de qualité inférieure, pendant le carême et les jours maigres. Il assaisonne ses aliments avec du lard, de la graisse de porc ou de l'huile d'olive. La viande de porc et la charcuterie tiennent aussi bien souvent la place du mouton et du bœuf. Mais ce qu'il y a de moins salubre dans l'alimentation usuelle de la classe ouvrière, à Nîmes, c'est l'usage qu'elle fait, jusqu'à un abus extrême, pendant la belle saison, des fruits indigènes qui la tentent tout naturellement par leur abondance, leur saveur et leur bon marché. Elle se gorge sans réserve, sans choix, et sans attendre leur maturité, d'abricots, de concombres, de mauvais melons, de raisins verts, etc. Aussi les mois de juillet, d'août et de septembre amènent-ils, à peu près toutes les années, de redoutables épidémies de cholérine, et une mortalité effrayante, qui frappe surtout les enfants. Cet abus des mauvais fruits est une habitude enracinée que ni les expériences les plus cruelles, ni les conseils les plus énergiques du médecin ne parviennent à maîtriser. La police seule peut, jusqu'à un certain point, y remédier par une surveillance plus que rigoureuse des marchés, et une sévérité soutenue contre tout délinquant. 3° Les taffetassiers boivent du vin à tous leurs repas; et celui qui se consomme ainsi en famille, à la différence de celui qu'on va chercher au cabaret, ne produit, si je ne me trompe, que de bons résultats hygiéniques. Il répare les forces de l'ouvrier, qu'épuiserait sans cela un travail de treize, quatorze ou même quinze heures, travail passablement rude, mais surtout fatigant par sa monotonie; et il empêche la portion mâle de la famille d'aller chercher au dehors une petite jouissance qui, de la sorte, ne dégénère jamais en habitude vicieuse.

Budget approximatif d'une famille ouvrière de la fabrique de Nîmes. — Après avoir ainsi successivement étudié dans ses divers éléments réels l'existence économique de l'ouvrier de fabrique nîmois ; après avoir cherché à déterminer son salaire quotidien d'une part, et jeté de l'autre un rapide coup d'œil sur ses principaux articles de dépense obligée, le logement, le vêtement et la nourriture, il ne me reste plus qu'à résumer cette double étude, en essayant de régler approximativement le petit budget d'une famille de taffetassiers. Mais il y a, dans l'état actuel des choses, une si forte différence, au point de vue des salaires, entre certaines catégories d'ouvriers nîmois, que l'on pourrait appeler les *heureux*, les *favorisés* de notre fabrique, et certaines autres classes de travailleurs, que l'on pourrait en considérer comme les *déshérités*, qu'il me paraît indispensable de dresser un double budget, surtout pour le chapitre des recettes. Un seul budget qui aurait la prétention d'être *une moyenne* ne répondrait à aucune réalité : il risquerait de passer fictif et mensonger entre deux vérités, entre deux *faits*.

Mon premier plan de budget s'appliquera à toute la portion de la classe ouvrière où le chef de famille et ses enfants mâles, adultes, obtiennent un salaire moyen de 2 fr. à 2 fr. 50 c. Tels sont les tisseurs de tapis, de châles riches, de gants de soie, produits sur des métiers circulaires ; les teinturiers, les chauffeurs et autres ouvriers mâles employés dans les usines, filatures, fabriques de lacets, etc.

Mon second plan de budget s'appliquera à toute la portion de la classe des taffetassiers, et c'est malheureusement la plus nombreuse de beaucoup, où le salaire moyen des individus mâles et adultes de la famille varie de 1 fr. à 1 fr. 75 c.; ce sont les tisseurs de châles communs et tartans, les tisseurs de soie de toute espèce, les faiseurs de bas sur l'ancien métier, etc., etc. [1]. Je supposerai, dans les deux cas, la famille ouvrière composée du père, de la mère et de trois enfants, dont un capable de mener, d'ores et déjà, un métier, le second pouvant servir de lanceur, chez lui ou dehors, et le troisième encore en bas âge. J'admettrai que la mère, tout en vaquant aux soins du ménage, peut cependant faire l'office de canneteuse, et, par conséquent, épargner les 50 ou les 60 c. qu'il faudrait donner à une étrangère pour ce travail.

La situation d'une telle famille ouvrière est plutôt au-dessus qu'au-dessous de la moyenne ; car il y a bien peu de ménages où

---

[1] A la suite de sa lettre du 20 novembre 1847 précitée, M. le président du Conseil des prud'hommes donne un état des salaires moyens de l'ouvrier de la fabrique de Nîmes, qui trouve ici sa place toute naturelle, et qu'il fait remonter jusqu'en 1830 : il nous servira de très-utile point de comparaison. Il est seulement très-regrettable qu'il ne sépare pas, comme nous, la classe ouvrière nîmoise

les *trois enfants* puissent à la fois obtenir un salaire, et il y en a beaucoup, au contraire, où un seul gagne quelque chose. Bien des familles ont aussi à leur charge quelque grand parent infirme ou d'un âge très-avancé, qui peut tout au plus se rendre utile en travaillant aux cannettes.

Fixons d'abord le salaire de la semaine.

6 journées du père à 2 fr., 12 fr. ; 6 journées du fils aîné à 2 fr., 12 fr. ; 6 journées de la mère, comme canneteuse, à 0 fr. 50, 3 fr. ; 6 journées de l'enfant, qui sert de lanceur, aussi à 0 fr. 50, 3 fr. — Total 30 fr.

Si le travail était constant, cela ferait donc, pour 52 semaines, 1,560 fr.

Mais, bien que les ouvriers de cette première catégorie soient *favorisés*, non-seulement au point de vue de la quotité du salaire, mais encore sous le rapport de la durée du chômage, il est cependant impossible de ne pas admettre qu'ils subissent plus ou moins cette condition commune de la fabrique nîmoise. D'après les déclarations unanimes recueillies dans notre tournée et que MM. les fabricants n'ont point, en général, contredites, la durée moyenne de ce chômage chronique peut être évaluée à *trois mois*. Cependant, ce terme serait excessif si on l'appliquait aux ouvriers de la catégorie qui nous occupe en ce moment, surtout aux tisseurs de gants de soie et de tapis, qui ne chôment que pendant le temps nécessaire pour

---

en deux catégories ; ses chiffres doivent donc être pris comme une *moyenne* entre *les salaires* de toute nature obtenus par nos tisseurs de châles et de soieries.

ANNÉES.	Salaires moyens			
	des chefs d'atelier.	des compagnons.	des femmes.	des enfants.
1830	2 fr. » c.	1 fr. 50 c.	0 fr. 50 c.	0 fr. 40 c.
1831	1 75	1 25	0 50	0 40
1832	2 25	1 75	0 60	0 50
1833	2 50	2 »	0 75	0 50
1834	2 25	1 75	0 60	0 50
1835 et 1836.	2 »	1 50	0 50	0 40
1837	1 75	1 25	0 50	0 40
1838	2 50	2 »	0 75	0 50
1839	3 »	2 50	0 75	0 60
1840 et 1841.	2 50	2 »	0 60	0 50
1842 et 1843.	2 »	1 50	0 50	0 40
1844 et 1845.	3 »	2 50	0 75	0 60
1846 et 1847.	1 75	1 25	0 40	0 40

N. B. Le salaire attribué aux *femmes* est évidemment celui de la *canneteuse* ou *dévideuse*, car la femme ou fille qui fait battre un métier gagne le même salaire que l'ouvrier compagnon, ou à peu de chose près.

démonter la pièce, la rendre au fabricant et en replacer une nouvelle sur le métier. Je crois donc ne devoir retrancher des 52 semaines de l'année que 6 semaines au plus, et c'est encore trop pour les *deux* classes d'ouvriers que je viens de signaler ; ce serait donc 6 semaines à 30 fr., soit 180 fr. à distraire des 1,560 fr., et il resterait pour chiffre de recette 1,380 fr.

Le chapitre des recettes pour notre seconde catégorie sera bien loin de nous offrir un résultat aussi satisfaisant.

6 journées du père à 1 fr. 25 c. [1], 7 fr. 50 c. ; 6 journées de l'aîné des enfants à 1 fr. 25 c., 7 fr. 50 c. ; 6 journées de la mère à 50 c., 3 fr. ; 6 journées de l'enfant à 50 c., 3 fr. — Total, 21 fr.

52 semaines donneraient donc un produit total de **1,092 fr.**

Mais il faut en retrancher tout au moins, et en restant au-dessous de la vérité, telle qu'elle résulte de notre enquête, 10 semaines de chômage à 21 fr., ci 210 fr., ce qui réduit le chiffre de la recette à 882 fr., un tiers de moins que dans notre précédent budget ! Maintenant on peut objecter contre ce chiffre, qui est plutôt exagéré que faible, *dans l'état de choses actuel*, que cet état de choses n'est point *normal* et ne nous donne pas la véritable situation moyenne des taffetassiers nîmois. J'éprouve trop de satisfaction à croire cette objection fondée, pour ne pas l'accueillir avec empressement. Je considérerai donc mes chiffres comme appartenant à une phase de demi-détresse, et je les modifierai comme il suit, pour une phase moyenne.

Journées du père et du fils aîné, 1 fr. 50 c., au lieu de 1 fr. 25 c., ce qui fait 3 fr. en sus par semaine, et pour 42 semaines occupées, 126 fr. ; en les ajoutant aux 882 fr., nous aurons un total de 1,008 fr. (soit 1,000 fr., en chiffre rond), pour le revenu moyen, en temps ordinaire, de la famille du simple taffetassier.

Occupons-nous maintenant de la dépense obligée. La première et la plus considérable sans comparaison, c'est celle de la nourriture.

Une famille ouvrière de la première catégorie, composée de 5 membres, dont 3 adultes, consomme par jour 3 kilogrammes de pain rousset à 30 c., 90 c. ; 2 litres de vin, un par repas, 40 c. ; 2 plats de légumes, un à chaque repas, 40 c. ; assaisonnement au gras ou maigre et soupe, 30 c. — Ensemble, 2 fr.

Mais il faut y ajouter, pour trois repas par semaine, où l'on rem-

---

[1] D'après la statistique du Gard de M. Rivoire, cette classe d'ouvriers gagnait, en 1843, il y a dix ans, un salaire moyen de 2 fr. On comprend combien sa situation économique a dû changer depuis lors.

place le plat de légumes par un plat de viande (demi-kilogramme, vache, porc ou mouton), un supplément de 50 c. au moins pour chaque fois; or, 7 jours de la semaine à 2 fr. font 14 fr.; plus le supplément pour les 3 repas avec viande, 1 fr. 50 c. — Ensemble, 15 fr. 50 c.[1], qui, multipliés par 52 semaines, portent ce premier article de dépense à 806 fr.

Ainsi donc. — Article premier, nourriture, 806 fr.; 2° loyer d'une chambre pour deux métiers à la Jacquard et trois lits, 100 fr.; 3° chauffage et cuisson des aliments, au moyen d'un mélange de houille et de bois, à 1 fr. 50 c. par semaine, 78 fr.; 4° éclairage jusqu'à dix heures du soir en hiver, 40 c.; en été et tous les dimanches, 10 c. En tout, 85 fr. 20 c. (pour mémoire seulement, attendu que la Commission a défalqué tous les menus frais de production, du salaire moyen par elle fixé). Restent donc 52 dimanches à 10 c.. 5 fr. 20 c.; 5° vêtements, souliers, etc., du père et du fils adulte, 100 fr.; de la mère, 50 fr.; des deux enfants en bas âge, 30 fr., 160 fr.; 6° renouvellement et entretien du mobilier, savon pour blanchissage et autres menues dépenses, 25 fr.—Total de la dépense, 1,174 fr. 20 c.

Ce qui laisse une marge de 200 fr. environ pour les dépenses d'agrément, les frais d'éducation des enfants et les dépôts à la caisse d'épargne, article de dépense malheureusement trop sacrifié.

Quant à la dépense annuelle de la famille ouvrière de la seconde

---

[1] Détail par repas.

Repas au maigre.

Diner.

1/2 kilog. haricots........................	0 fr.	20 c.
Viande salée pour la soupe................	0	15
Un litre vin...............................	0	20

Souper.

Un kilogramme pommes de terre...........	0	20
Huile pour l'assaisonnement,..............	0	15
Un litre vin..............................	0	20
Trois kilogrammes pain pour les deux repas ; pain rousset à 30 c. le kilogramme......	0	90
	2 fr.	00 c.

Diner au gras.

Un peu plus d'un demi-kilogramme de viande de vache ou de mouton................	0	60 à 65
Un litre vin..............................	0	20
Pour préparer la viande	0	10

Nota. Les prix de cette année (1853) sont supérieurs d'un tiers environ. Le pain est de 40 c.; le vin de 55 c ; la viande de 70 c.

catégorie, réduisons, pour l'établir, le coût quotidien de la nourriture à 2 fr., en ne lui passant que deux ou même un seul plat de viande par semaine; en supposant qu'elle l'achète de moins bonne qualité. ainsi que les légumes eux-mêmes, cela nous donnera toujours, pour ce premier article, 52 semaines à 14 fr., 728 fr.; 2° logement, toujours pour troits lits et deux *petits* métiers, 60 fr.; 5° chauffage et cuisson des aliments, 60 fr.; 4° vêtements des deux hommes, 80 fr.; de la mère, 20 fr.; des deux enfants, 20 fr., 120 fr.; 5° entretien et renouvellement du mobilier, savon, blanchissage, etc., 12 fr. — Total de la dépense, 980 fr.

Ce chiffre, comparé à celui du revenu de la famille ouvrière de la seconde catégorie, aux époques de prospérité moyenne, revenu que nous avons fixé à 1,000 fr., prouve que, durant ces époques, cette famille peut, *à la rigueur*, nouer les deux bouts, sous la double condition de n'avoir à subir ni maladie ni chômage extraordinaire. Mais si l'on se reporte à l'*état de choses actuel*, tel que l'a constaté notre enquête du printemps de 1853, on trouve entre le revenu que nous avons évalué à 882 fr. et la dépense présumée de 980 fr. un déficit d'une centaine de francs, déficit qui doit être comblé, en partie, par des privations cruelles et dont la prolongation porterait atteinte à la santé de l'ouvrier, en partie, par un subside hebdomadaire obtenu de la charité publique. Aussi croyons-nous être certain que les secours de l'un des deux bureaux de bienfaisance, catholique ou protestant, sont en ce moment indispensables à plus des deux tiers de la classe de taffetassiers qui nous occupe. Faut-il en conclure toutefois que le paupérisme proprement dit, le paupérisme *chronique* et *incurable*, qui était demeuré jusqu'ici étranger à la fabrique de Nîmes, va s'y impatroniser sérieusement? Le passé de notre fabrique doit nous rassurer à cet égard. Son personnel possède en effet et a maintes fois déployé une merveilleuse aptitude à se déplacer, à se déclasser et à trouver, en pareille occurrence, avec de nouvelles sources de travail, de nouveaux moyens d'existence. Une évolution de cette nature viendra donc, selon toute apparence, résoudre le problème économique que la crise régnante semble soulever.

Cette singulière *élasticité*, si j'ose employer cette expression, de la fabrique de Nîmes, constitue du reste un phénomène d'ordre économique, si curieux, si frappant et si particulier, que je crois devoir le soumettre à des considérations un peu plus développées.

V.

Caractère spécial de l'élément industriel à Nîmes. — Sa mobilité.

Les brusques et fortes évolutions n'ont pas fait défaut à la fabrique nîmoise pendant ses périodes anciennes, c'est-à-dire antérieures à celle que j'appellerai contemporaine, et qui date de la paix générale en 1815. Ainsi, par exemple, j'ai eu dans mon premier paragraphe l'occasion de signaler la grande perturbation qu'elle subit lorsqu'en 1682 Louis XIV voulut la soumettre à un règlement réel, fixant les conditions matérielles de sa production. La prohibition de ses bas de soie dans la péninsule espagnole et ses vastes possessions des deux Indes, pendant la dernière moitié du dix-huitième siècle, ne la soumit pas à une moins rude épreuve; mais laissons là des faits trop anciens pour pouvoir être étudiés avec fruit, et considérons de préférence ceux tout aussi frappants, et bien plus nombreux, que nous présente la phase contemporaine de notre fabrique.

Je l'ai déjà dit, et je le répète, je ne crois pas pouvoir accorder beaucoup de confiance *aux chiffres* donnés par les tableaux annuels du Conseil des prud'hommes en tant que *chiffres;* mais ils n'en conservent pas moins une valeur réelle à mes yeux, comme indices et témoignages des *faits* généraux qui se sont accomplis dans cette fabrique. Ils constituent évidemment un thermomètre économique assez exact du *va-et-vient* de la production nîmoise. Eh! qui pourrait, en effet, se croire plus compétent que ce corps pour accomplir une semblable tâche?

Or, en prenant celui de ces chiffres qui est le plus facile à recueillir, quand on n'a pas recours à la mesure *héroïque* du recensement à domicile, le chiffre des métiers battants, voici les résultats auxquels j'arrive:

Le nombre des métiers battants, qui était, en 1825, de 9,000, tombe tout à coup, en 1826, à 6,000; se relève, en 1830, à 7,500; les événements de la fin de 1830 le réduisent, en 1831, à 5,500; l'ordre et la prospérité publique le ramènent, en 1832, à 8,500; en 1833, à 9,500. Il se soutient jusqu'en 1836 à 8,500, mais voilà que tout à coup il s'abaisse, en l'année 1837, à 3,000 et ne dépasse plus, jusqu'en 1840, 4,000. En 1846 et 1847, il descend à 1,200 et à 800. Enfin, nous venons de le trouver, aujourd'hui, en 1853, de 2,500 environ.

Prenons encore, si l'on veut, quelques branches spéciales de la production nîmoise, et soumettons-les au même genre d'investigations.

D'après ces mêmes tableaux du Conseil des prud'hommes, la filature de la soie y comptait, en 1825, 800 ouvriers ; mais voilà que tout à coup elle en a, en 1826, 2,000 ; en 1827, 2,500 ; en 1828, 1829, 1830 et 1831, 2,500 [1] ; chiffre qui se réduit subitement, en 1832, à 1,000, et ne s'en écarte plus guère jusqu'en 1837 ; mais, à partir de cette même année, il tombe à 400, et demeure, jusqu'en 1846, entre ce chiffre et 600. Aujourd'hui, il est très-*exactement* de 220.

Voilà donc une branche d'industrie qui a presque totalement disparu de la ville, tandis qu'elle prenait un vaste, un prodigieux développement dans tout le reste du département.

Il en a été tout à fait de même du moulinage de la soie, dont le personnel a presque atteint le chiffre de 1,200 en 1835, et qui se réduit en ce moment à 126 personnes, hommes ou femmes.

Que sont devenus à leur tour (passons par-dessus toutes les transitions intermédiaires), que sont devenus les 4 ou 5,000 métiers à bas (ou même 8,000, selon Paulet), de la fin du dernier siècle (1775 [2]) et les 3,000 métiers où se tissaient alors 120 espèces différentes d'étoffes de soie ?

Et ceux où s'élaboraient 157,000 pièces de rubanerie, valant 2 fr. 50 c. chacune ?

Ce que sont devenues ces deux dernières branches du tissage de la soie ? les villes de Lyon et de Saint-Etienne pourraient seules nous le dire, elles qui en ont hérité !

A la vérité, Nîmes a remplacé ces produits qui lui ont échappé par d'autres, savoir : par les industries du châle riche, mi-riche ou commun, du foulard, de l'article dit d'Algérie, des lacets, de la ganterie de soie et des tapis ; mais il n'en demeure pas moins établi que Nîmes, comme centre manufacturier, a subi, depuis le commencement du siècle, non-seulement de nombreuses et graves *transformations*, mais encore, il faut bien le dire, une sérieuse et progressive décroissance ; car, si la fabrication des châles en laine pure, celle des lacets, et surtout sa manufacture de tapis sont bien propres à soutenir sa réputation au point de vue technique ; elles sont

---

[1] Franchement, ces chiffres me paraissent bien étranges. Plus de 1,800 bassines à Nîmes !

[2] Cette industrie, à son grand avantage, ou du moins à celui des ouvriers, s'est disséminée dans les petites villes, villages et hameaux des Cévennes.

loin de compenser, au point de vue économique, les pertes qu'elle a faites.

Etablissons-le par quelques chiffres :

2,500 métiers aujourd'hui battants correspondent, d'après notre recensement de ce printemps, à cinq mille cinq ou six cents *travailleurs* actifs, ce qui, en y ajoutant les membres de chaque famille voués à l'inaction par leur bas âge ou leurs infirmités, peut porter le chiffre total de la population ouvrière, dans son ensemble, à sept ou huit mille environ. Dès lors il faudrait admettre, pour rester dans la proportion, que les 8 ou 9,000 métiers battants de 1775 et de 1833 supposeraient, pour l'une et l'autre époque, une classe ouvrière de 18 à 20,000 individus.

Prenons cependant, comme plus probable, le chiffre des prud'hommes pour 1833, qui est de 16,000 seulement ; ce sera toujours une population ouvrière *double*, dans un sens absolu, de celle d'aujourd'hui : mais la proportion relative avec la population totale se trouvera bien autrement *changée* ; car 16,000 ouvriers constituaient *plus de la moitié* de l'entière population nîmoise avant 1789, et plus *du tiers* de celle de 1833, tandis que les 8,000 ouvriers actuels ne sont pas *le sixième* de la population accusée par le dernier recensement, qui est de 50,000 âmes [1].

L'opinion assez universellement formulée dans le pays par ces paroles : *la fabrique de Nimes s'en va*, pour être exagérée, n'est donc pas dépourvue de tout fondement. Mais ce qu'il y a de bien plus évident, dans tous les cas, c'est que la transformation s'opère jusqu'ici sans que la ville perde ni du nombre de ses habitants, qui s'accroît, au contraire, par un mouvement aussi rapide que continu, ni de sa prospérité matérielle en général, car la situation économique de ses classes inférieures n'a certes pas empiré. D'où je conclus encore une fois que la population ouvrière a recours, avec une extrême facilité et un remarquable succès, un peu sans doute à l'émigration dans les autres cités manufacturières, telles que Lyon et Saint-Etienne, mais beaucoup plus encore à un changement rapide dans ses conditions d'existence. Evidemment l'agriculture, le grand et le petit commerce, les arts et métiers vont chaque jour gagnant du terrain sur l'œuvre manufacturière proprement dite. Mais un retour graduel ou subit vers cette source de la richesse publique n'aurait pas de quoi nous surprendre s'il venait à se produire, car il

---

[1] 49,480 de population municipale, et 53,619 avec la partie dite flottante.

ne serait dans nos murs rien moins qu'un *fait inouï*. Considéré dans son développement historique, le génie industriel de Nîmes rappelle assez, ce me semble, *ce vieux pasteur du troupeau* de Neptune , qui,

> Sous diverse figure, arbre, flamme, fontaine,
> S'efforce d'échapper à la vue incertaine
> Des mortels indiscrets.
>
> (J.-B. ROUSSEAU.)

VI.

Caractère, passions, moralité, plaisirs et délassements de la classe ouvrière à Nîmes.

La population ouvrière de Nîmes, *en temps ordinaire*, est, de sa nature, vive, enjouée, bruyante; on trouve chez elle les instincts et les allures d'une race méridionale; mais qui ne sait combien elle est ardente et obstinée dans ses opinions, ou plutôt dans ses passions politiques et surtout religieuses? En France, et même à l'étranger, on parle beaucoup de *son fanatisme*. A cet égard, je crois que l'on se trompe, et ce n'est point à titre d'éloge que je le dis : on confond deux choses qui se ressemblent en apparence , mais qui diffèrent grandement au fond : l'esprit de parti religieux et le fanatisme. Ce dernier n'existe pas sans croyances énergiques et sans puissantes habitudes d'une piété peu éclairée, mais sincère. Le premier, au contraire, sait fort bien se passer et des unes et des autres; l'esprit de parti religieux, en un mot, c'est du fanatisme à froid et sans conviction. Qu'est-ce, à vrai dire, que le catholique ou le protestant par excellence dans le triste vocabulaire du peuple nîmois ? Est-ce, dans l'une ou l'autre église, le chrétien le plus digne de ce nom, parce qu'il est le plus pieux et le plus charitable? Est-ce même celui qui se montre le plus ardent dans ses convictions dogmatiques, ou le plus exact dans ses pratiques religieuses? Eh! mon Dieu, non : c'est celui qui se proclame le plus haut prêt à mourir pour une religion dans laquelle il ne vit pas, professe pour ses concitoyens de l'autre culte la haine la plus cordiale, et se montre toujours disposé à ressusciter ces luttes fratricides, si souvent provoquées dans nos murs par les grandes crises politiques contemporaines.

Il est vrai de dire cependant que les dernières, qui n'ont certes pas été les moins graves, celles de 1848 et des années suivantes, ont passé sur nos têtes sans amener de nouvelle explosion du fléau héréditaire, la guerre civile religieuse. Ah ! plût à Dieu qu'il fût permis d'en conclure que le *germe* fatal de ce fléau s'est quelque peu affai-

bli dans les cœurs, et que ce triste legs des siècles passés ne se trans
mettra point tout entier au siècle qui vient ! Ce qu'il y a de sûr, c'est
que cette rivalité haineuse de culte à culte nous a, jusqu'à un certain point, mis à l'abri, pendant ces derniers temps, d'une autre
haine et d'une autre source de discorde intestine, qui ne sont pas
moins déplorables, celles de classe à classe. Point de doute que la
passion religieuse n'ait joué chez nous, dans de certaines limites, un
rôle préservatif, dérivatif ou absorbant, à l'endroit de l'animosité
tantôt sourde, tantôt flagrante, mais toujours profonde et vivace,
qui règne ailleurs entre les deux principaux éléments de la production industrielle, l'entrepreneur d'industrie, et l'ouvrier proprement
dit. Chez nous, en un mot, la brûlante question du salaire s'ef-
face devant la question plus brûlante de la prépondérance religieuse :
je dis de la prépondérance, et non de la liberté religieuse ; car, de nos
jours, cette dernière est, Dieu merci, hors de cause.

Comment qualifier les mœurs des taffetassiers nîmois ? Les appelle-
rai-je bonnes ? elles ne le sont pas, absolument parlant; mauvaises,
elles le sont encore moins à un point de vue relatif, c'est-à-dire si on les
compare aux habitudes morales de la plupart des populations manufacturières de l'Europe. Je dis qu'elles ne sont point bonnes dans un
sens absolu, puisque les relations illicites entre jeunes gens des deux
sexes y sont fréquentes, et précèdent trop souvent la bénédiction
nuptiale, le mariage venant presque toujours couvrir la faute, sinon
la réparer. Elles sont, d'ailleurs, bien loin de valoir les mœurs des
populations rurales du reste du département, où la proportion des
enfants naturels aux légitimes peut être évaluée de 1 à 30,83, tandis qu'à Nîmes elle doit l'être de 1 à 10,36 environ (Voir les fonde-
ments de ce calcul à la note [1]).

---

[1] Voici les chiffres exacts de 1851 :

	Enfants				
	naturels.	légitimes.			
Pour le dép. du Gard tout entier...	492 contre	12,243	ou	1 contre	25
Dans l'arrondissement de Nimes....	333 —	4,426	— 1	—	15
— d'Alais......	75 —	3,534	— 1	—	44
— d'Uzès.......	56 —	2,632	— 1	—	48
— du Vigan.....	28 —	1,791	— 1	—	64

Le chiffre total des enfants légitimes dans le département du Gard a été, pen-
dant les cinq dernières années, savoir : 1848, 1849, 1850, 1851 et 1852,
de... 62,303
Et celui des enfants naturels de................................ 2,524
Soit 1 enfant naturel contre 24,68 légitimes.
A Nîmes, le nombre des enfants légitimes, pendant ces mêmes cinq années, a

Mais cette dernière proportion devient, au contraire, un témoignage de moralité relative au sein de l'élément industriel, puisque, dans un assez grand nombre de centres manufacturiers, l'état civil constate une naissance hors mariage pour cinq, quatre, trois, et même deux naissances légitimes. Il faut le reconnaître, d'ailleurs, parce que c'est justice : l'existence patente, affichée du concubinage, sous la forme et le nom de mariages à la parisienne, que l'on trouve ailleurs, ne serait, en aucune façon, tolérée dans nos bourgades par le sentiment public populaire. Et si la séduction d'en haut y fait quelques secrets ravages parmi les jeunes ouvrières, l'on n'y connaît pas du moins ces habitudes éhontées de prostitution, qui déshonorent quelques villes de fabrique.

Le délassement le plus ordinaire, le moins coûteux et le plus innocent de la classe ouvrière nîmoise, c'est une heure de promenade chaque soir, avant ou après le souper, selon la saison, sur les boulevards qui entourent la vieille colonie romaine. Les jours fériés, elle se rend, après son dîner, au Jardin de la Fontaine, ou dans la plaine arrosée par la Vistre. Le cabaret et la guinguette, ces constants objets d'effroi pour la prudente ménagère, tiennent aussi une trop large place dans les passe-temps du taffetassier, surtout pendant les chômages. Toutefois, il n'est généralement pas sujet à l'ivrognerie, ce que j'attribue, en grande partie, à ce que l'usage du vin à ses repas enlève à cette boisson l'attrait de la rareté et le piquant du fruit défendu. Ceux des ouvriers qui s'adonnent à l'intempérance satisfont ce goût avec des liqueurs fortes, mais c'est une assez faible majorité *minorité*.

Je dois aussi mentionner, au nombre des plaisirs favoris de cette

---

été de 7,855
Et celui des enfants naturels de 1,517
Soit 1 enfant naturel contre 5,18 légitimes.
En retranchant les enfants naturels et légitimes de Nimes de ceux du Gard tout entier, on trouve que la proportion des enfants naturels aux enfants légitimes dans le département (le chef-lieu omis), n'est plus que de 1 contre 54 ; mais comme il n'y a plus de *tour* qu'à l'hôpital de Nimes dans tout le département, et que même à Avignon on ne reçoit les enfants naturels qu'à bureau ouvert, il y a lieu de réduire de *moitié* au moins les enfants naturels vraiment nés à Nimes. Alors les proportions ci-dessus se modifient comme il suit :

    1 enfant naturel à Nimes contre. . . . 10,56 légitimes.
Et dans le département, moins le chef-lieu :
    1 enfant naturel contre. 50,83   —
C'est-à-dire trois fois plus d'enfants naturels à Nimes que dans le reste du département.

population ardente, les luttes d'hommes et les combats de taureaux dans le vieux cirque romain, dont elle inonde et couvre alors les vastes gradins à demi ruinés, moyennant une modeste rétribution de 50 c. par tête. Ces jeux et ces spectacles, d'une nature un peu barbare, particulièrement les combats de taureaux, sont pour elle la source des émotions les plus vives et les plus variées, émotions qu'elle fait éclater avec un fracas de cris, de trépignements et de battements de mains, qui va frapper au loin l'oreille du promeneur stupéfait. Ici les spectateurs sont bien autrement curieux que le spectacle lui-même. Pourrais-je, en traitant le sujet des plaisirs et délassements du peuple nîmois, oublier la visite et le repas hebdomadaire *au mazet?* Non sans doute, et cependant je dois faire observer tout d'abord que la possession d'un mazet est un bien grand luxe, très-peu à la portée du modeste taffetassier, et qu'il est principalement répandu dans la classe plus favorisée des bons artisans et des marchands au détail. Les plus *heureux* d'entre les *heureux*, dans l'élément personnel inférieur de la fabrique nîmoise, peuvent seuls aspirer à ce vif objet de la convoitise populaire dans notre cité. Mais expliquons à qui n'est pas du pays ce dont il est question ici.

Le mazet, humble rival de la bastide marseillaise, est une maison de campagne en miniature, avec enclos, parterre et bosquet, le tout en miniature aussi. Le mazet classique, celui qui émaille de tous côtés et par centaines les collines pierreuses courant au nord et à l'ouest de la ville, c'est une maisonnette carrée, dont les quatre murs blanchis à la chaux s'élèvent au même niveau, de manière à en dissimuler complétement la toiture; il a donc la forme et l'apparence d'un dé ou cube en maçonnerie, percé d'une porte sur le devant, et d'une fenêtre à chacune de ses trois autres faces; fenêtres ordinairement pourvues de brillants volets verts; autour se déploie une toute petite *pièce* de sol rocailleux, avec quelques oliviers, quelques ceps de vigne et une allée bordée d'iris, tenant lieu d'avenue. Quelques mazets revêtent cependant une forme plus prétentieuse : les uns se terminent en une terrasse à la moresque, couronnée de balustres en pierre; les autres dressent au-dessus de leur toit, tantôt deux tourelles gothiques, tantôt un minaret turc, tantôt un clocheton en style renaissance : le tout plus bizarre et singulier qu'élégant et de bon goût. Posséder une petite villa de ce genre et y aller chaque dimanche arroser une omelette aux fines herbes de quelques bouteilles de vin blanc du cru, après une partie de boules

jouée dans l'avenue, voilà le plus haut degré d'ambition et le plus
précieux élément de félicité que connaisse l'ouvrier nîmois. Mais,
je le répète, *non licet omnibus adire Corinthum*, et le luxe du mazet
est tout au plus le lot de la *plus fine fleur* de l'aristocratie de nos
bourgades [1].

VII.

État intellectuel de la classe ouvrière à Nîmes.

Que la classe ouvrière nîmoise ne manque, en général, ni de vi-
vacité dans l'intelligence, ni de dextérité dans la main, c'est une
conclusion facile à tirer, ce me semble, de cette remarquable aptitude à se *retourner* et à varier sa production, qui constitue en quelque
sorte son caractère industriel, historique.

Quant à son degré d'instruction, soit primaire, soit théorique et
professionnelle, si elle ne se distingue pas sensiblement des autres
masses ouvrières du pays, il ne faut certes pas en accuser l'insuffi-
sance des ressources mises à sa portée par l'autorité publique, et
que nous allons énumérer tout à l'heure. Mais ce qui s'oppose à ce
qu'elle en retire tout le profit que l'on pourrait en attendre, c'est
que la plupart des familles de taffetassiers ne peuvent réellement pas
faire, en faveur de l'école, le sacrifice du petit salaire obtenu par
leurs enfants des deux sexes aussitôt qu'ils atteignent l'âge de dix
ou douze ans et qu'ils peuvent devenir lanceurs.

Ici, la loi sur le travail des enfants dans les manufactures ne saurait d'ailleurs être appliquée, si ce n'est très-exceptionnellement,
car il y a tout au plus soixante-quatre établissements, sur plus de
douze cents, qui soient sujets à ses prescriptions. On n'a, du
reste, pas beaucoup essayé de la faire exécuter dans ces ateliers eux-
mêmes, et l'on a bien fait, car son application serait, sans contredit,
le plus mauvais service que l'on pût rendre à ces pauvres enfants. On
les refoulerait tous, à l'instant même, dans les ateliers domestiques,
que nous avons longuement décrits et où le travail dure treize,
quatorze et même parfois quinze heures par jour, tandis que sa durée
ordinaire ne dépasse jamais douze heures dans les grands ateliers.
Il y aurait donc là, pour la jeune génération de la classe ouvrière,
une nouvelle et bien déplorable source de dégradation physique.

Avant de passer en revue les établissements consacrés par la ville

---

[1] L'acquisition d'un mazet *ordinaire* coûte, selon M. Rivoire (Notice sur l'industrie de Nîmes), de 50 à 300 fr.; mais ce prix ne s'applique nullement au mazet
orné.

à l'instruction primaire ou professionnelle des classes laborieuses, nous devons jeter un coup d'œil sur une institution encore bien nouvelle dans nos murs, et dont l'existence est à peine connue, bien qu'elle mérite de l'être beaucoup, c'est la crèche, fondée en 1847 par les sœurs de la Miséricorde au moyen de dons charitables, mais à laquelle le Conseil municipal accorda, la même année, un secours annuel de 800 francs. Elle est établie dans les bâtiments du Bureau de bienfaisance et desservie par deux religieuses de Saint-Vincent-de-Paul. Elle ne renferme jusqu'ici que trente berceaux; c'est bien peu de chose pour une cité de 50,000 âmes. Mais, outre que l'œuvre est encore à son origine, il faut bien reconnaître que la constitution économique de la fabrique nîmoise, qui laisse presque toujours la mère de famille dans ses foyers, rend le secours de la crèche moins indispensable que partout ailleurs.

La salle d'asile répond pleinement, au contraire, à l'un des besoins les plus sérieux et les plus communs de la classe ouvrière nîmoise; car elle recueille l'enfant précisément à l'époque de son bas âge où il peut à la rigueur se passer des soins de sa mère, et où il ne peut pas encore être utilisé dans l'atelier domestique pour y renvoyer la navette.

Aussi les salles d'asile sont-elles, à Nîmes, assez nombreuses et fort populaires dans les rangs inférieurs de la société; on en compte quatre, deux catholiques et deux protestantes.

L'une des deux catholiques est tenue, comme la crèche, par les sœurs de Saint-Vincent-de-Paul, et reçoit 140 enfants; l'autre est tenue par un directeur laïque, et reçoit 150 enfants; les deux salles d'asile protestantes en reçoivent 256. — En tout, 526.

Les écoles communales [1] sont aussi nombreuses, bien tenues et assez suivies.

Les frères de la doctrine chrétienne en desservent quatre, où l'enseignement est tout gratuit, et qui reçoivent 1,750 garçons; le culte protestant compte trois écoles mutuelles gratuites, qui ont 340 élè-

---

[1] La ville de Nîmes consacre à l'entretien de ses écoles primaires, savoir :

Ecoles catholiques................ 30,200 fr.
—   protestantes 11,450
—   israélites................. 1,800

43,450 fr.

L'accroissement considérable de la population des écoles vient encore de l'obliger à voter, pour 1854, un supplément extraordinaire de 4,000 fr.

ves : le culte israélite en a une, admettant 35 élèves. — En tout,
2,125 garçons.

Les écoles gratuites pour les filles sont sous la direction des dames de Saint-Maur et des sœurs de Saint-Vincent-de-Paul.

Les premières ont quatre établissements, recevant 887 élèves ; les secondes un, recevant 434 élèves ; il y a trois écoles mutuelles gratuites ou payantes pour les protestants, qui ont 468 élèves ; enfin, une école israélite pour les filles en admet 30. —En tout, 1,819 filles.

A ces établissements destinés aux enfants il faut ajouter certaines écoles ouvertes aux adultes.

L'une d'elles, tenue par les frères, en instruit 180 ; les sœurs de Saint-Vincent-de-Paul en ont ouvert une autre, où elles sont parvenues à réunir 430 adultes du sexe féminin ; une classe faite par deux institutrices protestantes en reçoit environ 40 ; enfin, quelques jeunes hommes de bonne volonté font pour les hommes adultes protestants, sous les auspices du consistoire, des cours qui réunissent, pendant la veillée, de 50 à 60 élèves, ci 50. — En tout, 700 élèves adultes.

La ville de Nîmes a créé, au-dessus de cet enseignement primaire, un véritable enseignement professionnel, qui mérite de fixer l'attention, sous plusieurs rapports.

Elle a fondé, en 1836, une école communale de fabrication, composée de trois classes, savoir :

Une classe de théorie de tissage ;

Une classe d'application sur le métier ;

Enfin une classe de dessin de fabrique, d'impression et de mise en carte.

Chacune d'elles a son professeur spécial ; ces classes sont ouvertes de sept à neuf heures du matin en hiver, et de six à huit heures aussi du matin en été. L'école est placée sous la surveillance d'une Commission composée de fabricants expérimentés ; elle a fourni des sujets distingués, qui se sont quelquefois ouvert une carrière brillante ; mais on pourra juger jusqu'à quel point il lui a été donné d'agir sur la masse ouvrière, quand j'aurai énoncé le chiffre de ses élèves annuels. Il est de 30.

Un cours public de chimie et de physique appliquées aux arts n'est malheureusement pas devenu plus populaire, puisque le nombre habituel de ses auditeurs est de 25 environ.

Les masses ouvrières mettent, au contraire, un peu plus à profit cinq bibliothèques populaires, qui ont été fondées à son intention, sous le nom de *bibliothèques paroissiales*, et qui ont des prêtres pour bibliothécaires, aidés au besoin par de pieux fidèles.

L'ouverture en a lieu le dimanche et quelquefois le jeudi, à l'issue de la grand'messe ou des vêpres. Le nombre des lecteurs habituels est de 500 à la cathédrale, et de 100 à 120 dans chacune des autres paroisses. Les livres peuvent être prêtés à domicile, mais ne doivent pas sortir de la ville. Elles comprennent 5,000 volumes environ, distribués entre les cinq paroisses.

Le consistoire protestant a fondé, de son côté, dès 1827, une bibliothèque populaire, qui compte 1,450 volumes, lesquels sont livrés pour être lus à domicile. Le consistoire a cru devoir, non dans un but financier, mais comme moyen d'*exciter* l'intérêt de ses lecteurs, exiger d'eux une modeste rétribution de 2 fr. par an, à titre d'abonnement. Toute personne faisant un don annuel de 5 fr. est inscrite sur la liste des bienfaiteurs, et a droit à un abonnement de lecture, lequel est transmissible.

Un Comité de quinze jeunes hommes dirige l'institution et distribue les livres à tour de rôle, chaque dimanche.

VIII.

Etat physique de la classe ouvrière à Nîmes. — Conclusion.

De cette longue, impartiale et consciencieuse revue que j'ai faite sur place, à domicile, de concert avec les hommes les plus spéciaux, de tout l'élément personnel inférieur de la fabrique de Nîmes, je crois pouvoir conclure que, hors les temps de crise et de chômage extraordinaire, sa condition réelle ou économique est, sinon satisfaisante, tout au moins tolérable.

Cette condition me paraît supérieure, en somme, à celle de la plupart des populations manufacturières dans les grands centres de production de l'Angleterre, de la Belgique, de la France, et même, sous le rapport de l'alimentation, du logement, du vêtement, à celle de nos populations agricoles dans nos départements à prospérité moyenne. Au fait, le taffetassier nîmois est sainement logé, sainement vêtu et se nourrit assez sainement en temps ordinaire. Il n'a point ces habitudes invétérées d'intempérance, de débauche et de corruption morale qui rongent les rangs infimes de la grande armée industrielle, en beaucoup de localités. Tout cela me paraît vrai ; et cependant, lorsqu'on l'a vu de près, soit à la promenade, soit et surtout à domicile, en déshabillé, il est impossible de ne pas reconnaître, dans cette classe, une race chétive et généralement atteinte d'une certaine dégradation physique. Voilà, du moins, ce qu'indiquent, par leur fréquence, une taille au-dessous de la moyenne, des membres grêles et peu proportionnés, un teint hâve et plombé, tous les symptômes extérieurs d'un tempérament lymphatique ou même rachitique. Rien de plus exceptionnel que les beaux types, dans l'un et l'autre sexe [1].

Si l'on me demande, dès lors, une explication plausible et franche de ce fait incontestable, je ne saurai en donner d'autre, sinon que l'homme n'est point fait pour se livrer, treize, quatorze et quinze heures durant, à un labeur monotone, insipide, parfois excessif, entre quatre murailles, en compagnie de plusieurs autres êtres humains qui lui disputent l'air respirable de l'atelier, et pour ne sortir de là que pendant une heure environ, après le coucher du soleil, afin de se promener, la pipe à la bouche, entre deux longues files de maisons alignées en boulevards. Point de doute qu'une nourriture insuffisante ou malsaine, un logement insalubre, des habitudes d'ivrognerie et d'immoralité généralement répandues, n'accroissent et ne multiplient beaucoup les funestes conséquences de la vie manufacturière sur la constitution humaine; mais la cause principale, fondamentale de ces conséquences, c'est, en dernière analyse, cette vie manufacturière *elle-même* et *en soi*.

Améliorer la condition matérielle et l'état moral de la classe ouvrière serait déjà beaucoup, sans contredit, pour réagir contre l'influence dégradante du labeur manufacturier ; mais de semblables modifications ne seraient jamais, si je ne m'abuse, que des palliatifs plus ou moins heureux ; le vrai remède, ce serait une modification large et sérieuse portée à l'existence industrielle même, en la combinant et la conciliant avec la vie agricole, avec cette vie qui ne claquemure pas l'homme loin de l'action bienfaisante du grand air et du grand soleil, pour le vouer, dès l'âge de dix ou douze ans, à une œuvre rappelant toujours plus ou moins, par sa fastidieuse monotonie, le travail forcé du *treadmill*.

Mais quoi ! ne serait-ce point ici une nouvelle utopie ajoutée à

---

[1] Le Conseil de révision, dans son opération annuelle pour composer le contingent militaire cantonal, arrive toujours sur la liste à un chiffre *relatif* bien plus élevé dans les cantons de Nimes que dans les cantons ruraux du département; et cependant, nous l'avons vu, l'élément ouvrier n'est plus qu'un sixième de la population nimoise !

toutes les utopies de notre temps? Les brillants avantages et les incontestables bienfaits d'une civilisation avancée ne sont-ils pas de ceux qui doivent être payés, même au prix de quelques inconvénients graves? J.-J. Rousseau se demande si l'esclavage d'une partie de la population dans un Etat n'est pas la condition indispensable de la liberté politique des citoyens; et vous connaissez tous sa célèbre réponse : *peut-être.* On peut se demander aussi si le revers de médaille inévitable de la prospérité industrielle d'un pays n'est pas dans l'existence manufacturière d'une portion de ses classes laborieuses avec la dégradation physique et morale qu'elle traîne constamment à sa suite; et l'on peut répondre avec l'auteur du *Contrat social : peut-être!* Toutefois, diminuer et circonscrire la part du feu, voilà le but constant que doivent se proposer et les gouvernements, et les classes élevées de l'ordre social. Or, les études que je poursuis sur les classes laborieuses vouées à l'industrie de la soie ne nous ont-elles pas déjà fourni la preuve irréfutable que l'alliance de la production manufacturière avec la vie agricole constituait un phénomène économique aussi heureux que facile à réaliser? Pendant plus d'un siècle, et jusqu'à une époque non-seulement contemporaine, mais récente, jusqu'en 1853 ou 54, le dévidage du cocon occupait à Nîmes une classe nombreuse d'ouvrières, et cela dans les conditions hygiéniques matérielles et morales les plus défavorables; le cours seul des choses a transporté presque subitement cette branche d'industrie dans nos campagnes, et j'ai eu l'occasion d'établir tous les bons résultats de cette émigration.

Le moulinage de la soie, qui avait jadis compté dans Nîmes 120 grands ateliers et plus d'un millier d'ouvriers des deux sexes, réduit de nos jours à 126 personnes, a tout aussi complétement et tout aussi heureusement déserté la ville pour aller s'établir dans les frais vallons et sur les bords des torrents de l'Ardèche.

Enfin, la bonneterie a aussi émigré en très-grande partie dans les Cévennes. Pourquoi donc le *tissage de la soie*, pour ses produits ordinaires du moins, ne suivrait-il pas cet exemple et n'en retirerait-il pas les mêmes avantages, tant au profit de la classe ouvrière qu'il nourrit que des entrepreneurs d'industrie eux-mêmes? Déjà la fabrication des gants de soie est entrée largement dans cette voie, et celle des tapis possède un très-bel établissement dans une commune rurale voisine [1].

---

[1] La fabrique de M. Soulas, l'introducteur de cette industrie dans nos contrées, est aujourd'hui à Marguerette.

L'expérience de plusieurs cantons suisses ne nous a que trop prouvé, du reste, que le tissage des étoffes de soie unies se fait à la campagne à des conditions qui lui assurent tout l'avantage du marché.

Je ne puis donc, quant à moi, me refuser à une conviction profonde, parce qu'elle repose sur des chiffres et des faits, savoir : que ces familles de taffetassiers, qui vivent si péniblement à Nimes avec leur salaire de 1 fr. 25 c. à 1 fr. 50 c., parce qu'elles y payent de coûteux loyers, parce qu'elles y achètent le pain de chaque jour chez le boulanger ; qu'elles ont des frais de chauffage et de blanchissage, mais surtout des occasions quotidiennes de dépenses voluptuaires, que ces mêmes familles seraient fort à leur aise dans nos cantons ruraux, avec leur 900 f. ou 1,000 fr. de recette. Qu'il me suffise de rappeler ici, à l'appui de cette assertion, que nous avons vu la famille ouvrière des Cévennes, avec un simple revenu de 777 fr. 50 c., se loger, se nourrir, vivre, en un mot, d'une manière saine, fortifiante et presque confortable !

Mon utopie, si elle peut porter ce nom, se distingue donc évidemment de beaucoup d'autres théories fort décriées, et justement décriées, dont on a occupé l'opinion publique de nos jours. La mienne établit du moins sa possibilité et sa portée réelle sur des *faits* aussi nombreux que récents. J'appelle sur ce grave problème d'ordre économique tout l'intérêt et toute l'attention des hommes sérieux que préoccupe l'avenir de notre élément manufacturier, au point de vue de son état matériel et moral.

EXTRAIT DU JOURNAL DES ÉCONOMISTES, 15 FÉVRIER 1854.

TABLE.

—

TYP. HENNUYER, RUE DU BOULEVARD, 7, BATIGNOLLES.
Boulevard extérieur de Paris,